大展好書　好書大展
品嘗好書　冠群可期

大展好書　好書大展

品嚐好書　冠群可期

原地太極拳系列 ⑥

原地兒童太極拳
（10 捶 16 式）

胡 啓 賢／創編

宋　　夏／演練

大展出版社有限公司

作者簡介

　　胡啓賢現年 70 歲，原籍安徽省固鎮縣，供職於固鎮縣民政局， 1991 年退休。

　　曾先後患心臟病、高血壓、胃潰瘍、類風濕關節炎等多種疾病，於「病入膏肓」求醫無望之際，抱一線希望習練太極拳，竟於不知不覺中諸病皆癒，且白髮變黑。

　　此後連續十幾年自費到北京拜門惠豐為師，潛心研習太極拳。

　　因每遇天氣惡劣無場地練功時，便坐臥不安，漸萌發奇思，歷時６年，經千萬次試練，終於創編了不受場地限制的「原地太極拳」。在中央電視臺播放後，立即引起各界關注和喜愛。

原地兒童太極拳(十捶十六式)

序

　　胡啓賢先生，原安徽省固鎮縣幹部，50 年代因工作積勞過度，身患十餘種疾病，多方投醫，臨床用藥，療效不佳，身體極度衰竭，生命危在旦夕。無奈之際，在家人攙扶之下，參加了縣舉辦的「四十八式太極拳」學習班，模練太極拳功法，漸見功效，能進食，渾身有功，由長臥而起，行走便利，能生活自理；多年堅持鍛鍊，病症皆消，身體得到康復。太極拳在他身上顯現了神奇功效，是太極拳給了他第二次生命。

　　他千里迢迢，來京投師，向我深求太極拳功理功法，技藝大進。年過七旬，身體魁梧健壯。他為實現「個人得福，眾人受益」的宗旨，走向社會義務教拳，從學者千餘人次。很多病患者，堅持跟他練拳，身體得到康復。為普及群眾性太極拳活動，他精心創編了「原地太極拳」系列拳法，並整理出版，可喜可賀。望讀者喜練太極拳，終身受益。

　　　　　　　　　北京體育大學教授　門惠豐

目　　錄

原地兒童太極拳(十捶十六式)

原地兒童太極拳 (10 捶 16 式)簡介

　　這套拳是借鑒陳式的掩手肱捶、金剛搗碓（本拳稱震腳砸捶）和楊式的搬攔捶、肘底捶、指襠捶、撇身捶、摟膝栽捶及作者自編的歇步舉捶、馬步雙擺捶、護襠雙扎捶而編成的。適合兒童演練的原地太極拳套路。

　　其特點是：

(1)、可以原地演練

　　該拳不受場地限制，在室內、庭院均可演練。由於不需大的場地，所以很適合中、小學和幼稚園集體演練。

(2)、動作姿勢均衡

　　這套拳的十捶中，有七捶是左右各練一次，一捶是左右各練二次，另二捶是兩拳同時用相等的勁力演練的。因而能使兒童的身體得到全面均衡的鍛鍊。

(3)、易教易學易練

　　這套拳短小精悍，動作比較簡單，兩分多鐘可演練一遍，運動量不大，符合兒童的身心特點。教、學、練都較容易。

（4）、突出了技擊性

此拳採用「掩手肱捶」作開門勢，用「震腳砸捶」結尾，中間有兩次「拍腳栽捶」，這些拳勢都是用明勁發力，武術的技擊性非常明顯，加之整套動作輕鬆柔和，圓活自然，剛柔相濟，連綿不斷，姿勢優美，對兒童有吸引力和感染力，能激發他們練太極拳的興趣。

另外，該拳的手型（沒有勾手）手法、步型步法、身型身法、腿法和眼法及拳勢內涵、動作要領等與其他太極拳基本一致，兒童學練這套「十捶」既能增強體質，健美身形，又能開發智力，培養武術愛好，從而為學練其他太極拳打好基礎。

此拳創編於 1996 年，1997 年被中央電視臺《電視教練》欄目採用。前用名為「青少兒四步八捶（14 式）太極拳」。現經再次修訂，改進了步法，去掉了四步，增加了拳式，更名為《原地兒童太極拳（10 捶 16 式）》，由人民體育出版社出版。

由於作者水平所限，錯誤和不妥之處，敬請廣大讀者批評指正。

　　　　註：本書演練者／固鎮二中學生　宋夏

動作要點與習練須知

　　（1）、這套拳與其他太極拳一樣，動作要求輕鬆柔和、圓和自然、剛柔相濟、連綿不斷。除「肱捶」和「拍腳」的動作可以快慢相間，用明勁發力外，其他動作都要緩慢、輕柔，不能忽快忽慢，更不能中間停頓斷勁。一勢完成後，動作似停非停即轉做下一勢（初學時例外）。

　　（2）、整套拳除起勢開始和收勢結束身體可以直立外，其他都要坐胯（坐身）屈膝運動。屈膝度數一般在大腿與地面約成 45度～ 60度斜角之間；除「歇步」、「拍腳」，身體可有明顯的升降外，其他拳勢都要使身高保持大體一致，不要忽高忽低，起伏不定。

　　（3）、運動要「意領身行」，上身中正，以腰為軸帶動四肢孤線螺旋運動（動作熟練後，四肢也可帶腰轉動）；不可聳肩、揚肘、直臂（栽、扎捶直臂例外）。除馬步、站立步、開立步身體重心可落在兩腳上，其他動作姿勢總是一隻腳虛，一隻腳實（支撐身體的腳為實，反之為虛）；弓步時，前弓腿的膝蓋應與腳尖成垂線，身體重心約偏於前腿

70%；兩腳的虛實變換只能漸變，不能突變，即上步要腳跟先著地，退、撤步要前腳掌先著地，然後全腳慢慢踏實（有些 拳勢腳的動作需要向前上或向後撤成虛步的例外）。

（4）、步法要靈活。除馬步、站立步、開立步、歇步和個別拳勢的步型步法另有要求外，其他的腳步應是前腳的腳尖與後腳的腳尖約成45度夾角，即前腳尖朝前，後腳尖要斜向右前方或左前方約45度。兩腳不要踩在一條線上，兩腳橫距離約 15 ～ 20 公分。要運用碾腳步法調整腳的角度，即以腳跟為軸，腳尖外撇或內扣，以前腳掌為軸，腳跟內碾或外碾。

（5）、演練這套拳的同時，要適當進行腰、腿功（基本功）的訓練，如馬步沖拳、踢腿、拍腳、歇步、壓腿、劈腿（劈叉）、俯腰等等。這樣既可鍛鍊各個關節的靈活性和韌帶的柔韌性，提高肌肉的控制力及彈性，又能增強體質，提高拳技水準。

（6）、其他見「動作說明」。

演練場地示意圖

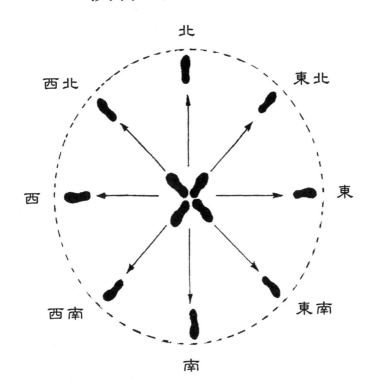

圖例說明：
　(1) 場地面積：由中心立足點向八方各邁一步。
　(2) 東西南北四方均可爲起勢胸向。
　(3) 動作路線見「動作說明」。

拳(捶)型及各部位名稱示意圖

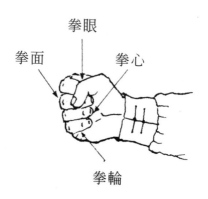

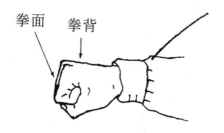

註：

　（1）拳面要平齊：拳背要與前臂展平；拳頭不要勾或翹。

　（2）拳在運動中要由虛拳(稍鬆握)漸變成實拳(稍緊握)，過擊點後再漸變成虛拳，如此反覆。

全套動作名稱

預備(胸向南)

   1   起勢

   2   掩手肱捶(右、左勢)

   3   搬攔捶(左勢)

   4   歇步舉捶(左勢)

   5   搬攔捶(右勢)

   6   歇步舉捶(右勢)

   7   撇身捶(四隅勢)

   8   指襠捶(左勢)

   9   拍腳栽捶(左勢)

  10 指襠捶(右勢)

  11 拍腳栽捶(右勢)

  12 馬步雙擺捶

  13 護襠雙扎捶

  14 肘底捶(左、右勢)

  15 震腳砸捶(左、右勢)

  16 收勢(頂天立地)

註:

拳勢定位是按起勢胸對的方向定的。向左邊運動稱左勢、向右邊運動稱右勢;四隅勢的方位是西南、東北、西北、東南。

分式動作說明

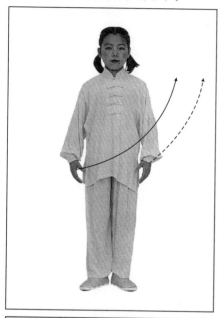

圖1

預備（胸向南）

　　身體自然直立，兩腳跟相觸，兩腳尖外撇約 60 度；懸頂（頭微上頂），豎頂，下頦微內收；沈肩垂肘，兩掌指微屈，自然散開，手心微含，虎口成弧形，兩掌指梢輕貼大腿外側（兩肘不要夾肋）；全身放鬆，精神集中，嘴唇輕輕合閉，鼻吸鼻呼，呼吸要深、長、細、勻，通暢自然；眼向前平視（圖1）。

註：

（1）文字說明中，凡有「同時」兩字的，不論先寫或後寫身體某一部分動作，各運動部位都要一齊運動，不要分先後去做。

（2）動作的方向是以人體的前、後、左、右爲依據的，不論怎麼變化，總是胸對的方向爲前，背對的方向爲後，身體左側爲左，右側爲右。

（3）本「說明」是按胸向南起勢寫的，動作熟悉後，起勢胸向可任選。

（4）插圖顯示胸朝向的方位、角度和圖上畫的動作路線，應以「文字說明」爲準。實線（——）代表右手右腳，虛線（- - →）代表左手左腳。上圖的標線是達下圖腳手的位置。

（5）預備式要求的懸頂、豎頂、沈肩、垂肘，全身放鬆，精神集中，鼻吸鼻呼，呼吸(深、長、細、勻)通暢自然等，要貫串整套拳的始終。

（6）個別拳勢需要另作說明的，文字前頭加※符號表示。

圖 2

1．起勢

上體微左轉；同時，兩手轉手心向前，並慢慢
向前平舉至腕與肩平，手心向上，指尖斜向上，肘
部微屈沈，兩手相距與胸同寬（胸向東南約 45
度）；眼看兩手間（圖2）。

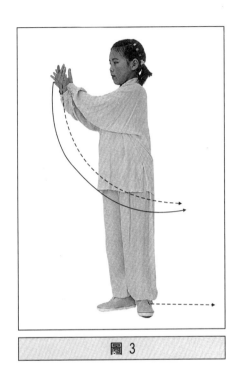

圖3

2.掩手肱捶(右勢)

　　（1）上體微右轉，身體重心移至右腿（以下簡稱重心），右腿屈膝坐胯（以下凡支撐重心的腿都要屈膝坐胯）；同時，兩手臂內旋向右劃弧至右肩前，兩手心向上，兩腕在右肩前交叉，左手在上，左手心斜向右，右手心斜向左，兩掌指尖斜向上；眼看左手（圖3）。

圖 4

（2）上體微左轉，左腳用腳跟內緣擦地向左
（東）橫開一步，腳尖稍外撇，重心移至兩腿間，
兩腿屈膝下蹲成馬步（要斂臂收腹，上體中正，膝
蓋要與腳尖成垂線）；

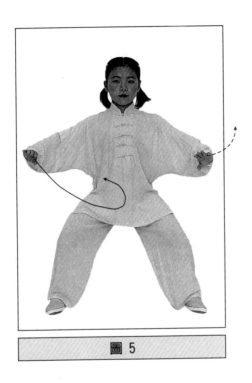

圖 5

　　同時，左腕壓右腕向下劃弧至腹前，隨後兩手臂內旋向體前兩側分舉，兩臂成弧形，腕與胸平；眼向南平視（圖４、５）。

圖 6

　　（3）上體微向右轉（肩、胯、膝隨腰向右擰轉），重心移向右腿；同時，兩手臂外旋，兩手心向上，繼而右手先稍向左，再向後收至右腰間握虛拳（握拳方法：四指併攏捲屈，拇指扣壓在食指、中指第二指節上），拳眼向外（拳型及各部位名稱見示意圖）；左手臂伸至體左前方（東南），手心向上；眼看左手（圖6）。

圖 7

（4）上體微左轉（肩、胯、膝、隨腰向左擰轉），重心移向左腿屈膝弓步；右腿蹬伸（腳跟微外碾；胯根和膝部微下沈）；同時，右拳臂內旋，拳從腰間（先慢後快）向體左前 45 度撩打（接近擊點時，變實拳用明勁發力），拳略高與胸，肘部微屈；左手臂內旋，稍向右，再向下，向後回收拍擊胯窩（拍擊時，五指併攏，手心成窩形，以加大拍擊聲；拳達擊點要與拍擊響聲一致；收掌與出拳一樣要先慢後快）；眼看右拳（圖 7）。

圖 8

左肱捶(左勢)

（1）上體先微左轉，右拳變掌，手臂外旋，稍向左抹掌，手心朝左上方，指尖向東南；同時，左手在原位手臂外旋，轉手心朝上；眼看右手（圖8）。

圖 9

（2）重心偏於左腿不變，上體右轉（肩、胯、膝隨腰向右擰轉）；同時，右手臂外旋，向右劃弧至體右前方，手心向上，指尖指向西南；左手變拳（虛握），拳心向上，拳眼向外；眼看右手（圖9）。

圖 10

　　（3）上體再微右轉，重心移向右腿屈膝弓步；同時，左拳向前撩打，右手後收拍擊右胯窩；其他動作參照右勢（圖10）。

圖 11

3. 搬攔捶（左勢）

（1）上體左轉，重心微左移，右腳尖翹起內扣，重心再移至右腿；左腿收至右腿內側，腳尖點地，成丁虛步（以下簡稱丁步）；

圖 12

　　同時，左拳微內旋，向左、向下、向右劃弧至右肋前，拳心向下，拳眼向裏，臂成弧形；右手先外旋後內旋，向右、向上、向左劃弧至右胸前，臂平屈，手心向下，手高與肩平，肘微下沈；眼看右手（圖 11、12）。

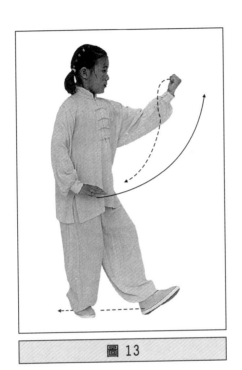

圖13

　　（2）上體再微左轉（面向東）；同時，左腳向
左前墊虛步，腳跟著地，腳尖上翹；左拳經右臂內
側向左前方搬出，拳心斜向上，臂微屈，拳高與眼
平；右手向左、向下、向右劃弧按於右胯旁，手心
向下，指尖向前，臂成弧形；眼看左拳（圖13）。

圖 14

　　（3）上體微左轉，左腳後退一步，重心移至左腿；同時，左拳內旋，向左、向右後劃弧回收至左胯側，拳再外旋收拳於左腰間，拳心向上，拳眼向外；右手外旋，向右、向前伸攔；眼看右手（圖14）。

圖 15

（4）右腳向前上步，重心前移，右腿屈膝弓步，左腿自然蹬直（襠、胯、膝微下沈）；同時，左拳內旋，立拳向前沖打（肘部微屈），拳眼向上，高與胸平；右手微內旋，手掌向胸前攔收，附於左前臂內側，指尖向上；眼看左拳（圖15）。

※重心前移、弓步、沖拳、攔掌要協調一致。

圖16

4. 歇步舉捶(左勢)

（1）上體左轉（左腳跟內碾），重心後移向左腿，右腳撤至左腳後，腳跟內碾，腳尖著地；同時，左拳內旋，拳心向下，右手附於左前臂外側，拳與拳一齊向右、向下，經腹前向左胯側劃弧，右手停在左腹前，手心向下，左拳舉於左肩上方，臂微屈（圖16）。

圖 17

（2）右腳跟再稍向右碾轉，兩腿交叉相疊，右膝貼近左腿膝窩，隨後上體再微左轉，兩腿屈蹲成歇步（臀部坐在右腳跟上）；

圖 17 附圖

　　同時，左拳向右上劃弧舉於額頭上方，拳心向
前，拳眼向下；右手向下、向右劃弧下按於右腹
前，手心向下，指尖向左，拳與掌上下約成垂線，
（上體正直，定勢胸向東北約 30 度）；眼看東方
（圖 17、17 附圖）。

圖 18

5．搬攔捶(右勢)

身體稍上起，左腳尖翹起以腳跟為軸，右腿以前腳掌為軸，向右後轉體約 180 度；同時，左拳變掌下落至額前，手心向下；右掌變拳上提至腹前，接著做右邊的搬攔捶。腳手的動作及方向與左勢相反（圖18～22）。

圖 19

圖 20

圖 21

　原地兒童太極拳(十捶十六式)

圖 22

圖 23

6. 歇步舉捶(右勢)

　　右勢同左勢，惟腳手的動作與方向相反（圖23
～ 24的附圖）。

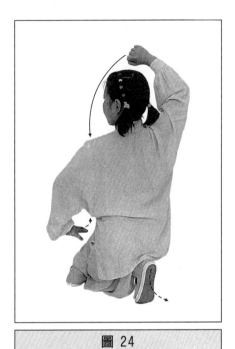

圖 24

圖 24 附圖

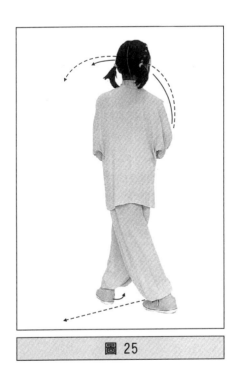

圖 25

7. 撇身捶（四隅勢）

向西南

　　（1）身體稍起微右轉，重心移至右腿；同時，右拳變掌向左、向下、向右劃弧下落至右腹前，左手變拳上提至右腹前，拳臂微內旋，拳心斜向前下方；右手附在左前臂外側（圖25）。

圖26

（2）上體微左轉，左腳向西南 45 度邁一步，重心前移，左腿屈膝弓步，右腿自然伸直（膝部微下沈）；同時，左拳上提經面前向西南撇打，拳心斜向上，拳高與眼平（左肘微下沈與左膝上下成垂線）；右手隨左拳向前附在左前臂內側；眼看左拳（圖26）。

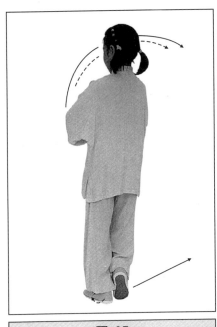

圖 27

向東北

（1）重心後移，上體右轉，左腳尖充分內扣，隨之重心移至左腿，右腳收至左腳內側，成丁步；同時，右手從左前臂上先向左穿掌，後向右、向下、向左劃弧握拳伸至左腹前，臂微內旋，拳心斜向前下方；左拳變掌，手心向上與右手同步，向右、向下、向左、向上手臂內旋劃立圓至胸前，手心向下，附在右前臂外側（圖27）。

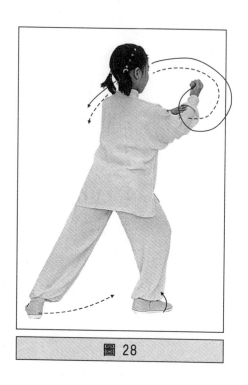

圖 28

　　（2）上體繼續右轉，右腿向東北邁一步，重心前移成弓步，右拳向東北撇打；其他動作與向西南同，惟腳手的動作與方向相反（圖28）。

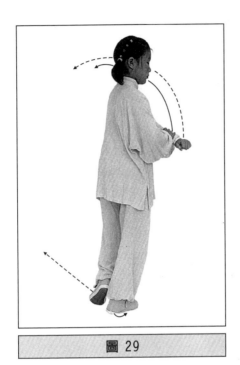

圖 29

向西北

　　（1）重心後移，上體左轉，右腳尖稍內扣，隨
之重心移至右腿，左腿收至右腳內側，成丁步；同
時，右拳變掌，左手從右前臂上穿抹，兩手一齊劃
圓，左手在腹前變拳；其他動作參照西南轉東北
（圖29）。

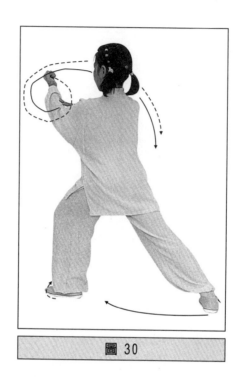

圖 30

　　（2）上體再微左轉，左腳向西北邁一步，重心前移成弓步，左拳向西北撇打；其他動作與向西南同（圖30）。

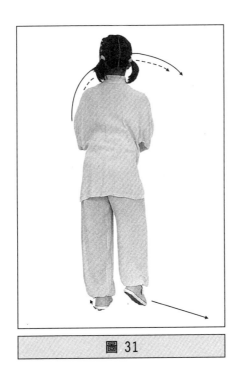

圖 31

向東南

動作與西南轉東北同，惟方向不同（圖31、
32）。

圖 32

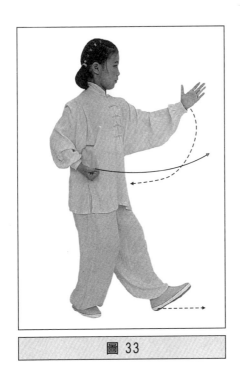

圖33

8. 指襠捶（左勢）

（1）重心後移，上體微右轉，右腳向後退步，重心移至右腿；同時，右拳先內旋後外旋稍向右，再向後劃弧收拳於腰間，拳心向上，拳眼向外；左腳向前（東）上步，腳跟著地；左手先向下劃弧至腹前，再向左、向前劃弧舉於體前，手心斜向上；眼看左手（圖33）。

圖 34

　　（2）左腳再稍向前上步，重心前移，左腿屈膝弓步，右腿蹬伸（膝部微下沈）；右拳內旋立拳向前沖打，肘部微屈，拳眼向上，拳高與腹平；同時，左手向後攔收至左腹前，臂成弧形，手心斜向下；眼看前下方（圖34）。

圖 35

9．拍腳栽捶（左勢）

（1）上體微右轉，重心後移至右腿，左腳稍向後撤步；同時，右拳變掌（手臂先外旋後內旋）由腹前經右胯側向後、向上劃弧；左手臂外旋向前、向上劃弧伸舉，兩手心均向上，兩腕高與肩平，兩臂微屈；眼看右手（圖35）。

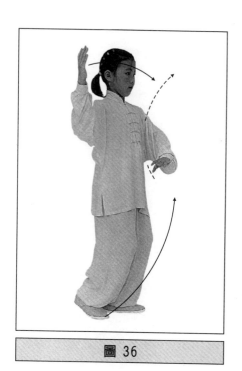

圖 36

　　（2）左腳再後撤至右腳內側，重心移至左腿，右腳跟抬起成虛步；同時，右手向上、向前劃弧至頭的右側，指尖向上約頭高，手心向前；左手向右、向下經腹前劃弧至左肋前，手心向下，指尖向右；眼向東平視（圖36）。

圖 37

（3）兩手繼續劃弧，右手至右肩前，臂屈肘，
指尖向上，手心向前；左手至體左側上方（偏
後），手心斜向左，指尖斜向上，臂成弧形；同
時，右膝上提（右肘、膝相接），小腿與腳尖自然
下垂；眼平視前方(圖37)。

圖 38

（4）左腿微屈站穩，右腳面展平上踢；同時，
右手向前拍擊腳面（拍腳高度約與頭平）；左手稍
向左後伸展，手心向外，腕略高於肩；眼看右手
（圖38）。

※踢腳高度要因人而異，初學者不可強求高度；踢拍
腳時，上身要中正，不要為求高度，使上身前俯後仰。

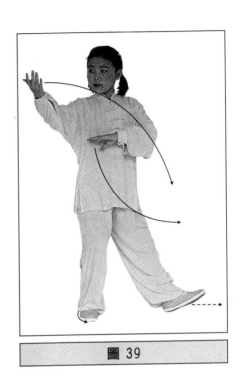

圖 39

（5）拍腳後，上體微右轉，右腳向右後落步，重心移至右腿，左腳微撤成虛步，腳尖上翹；同時，右手（先外旋後內旋）沿體中線向下、向後經右胯側再向後、向上、向前劃弧至右肩（偏後）上方，手心斜向上（沈肩屈肘）；左手向前、向右、向下劃弧至右胸前、手心向下，指尖向右；眼看右手（圖39）。

圖 40

（6）上體微左轉，左腳向前上步，重心前移，左腿屈膝弓步；右腿蹬伸（膝部微下沈）腳跟外輾；同時，右手握拳向左膝內側栽打，拳面朝下，拳眼向內，拳低於左膝；左手經膝前上方摟按於左大腿外側（上體稍向前俯身）；眼看前下方（圖40、40附圖）。

圖 40 附圖

圖 41

10. 指襠捶(右勢)

　　重心後移，向右後轉體；同時，左腳尖翹起充
分內扣，右腳跟提起，以前腳掌為軸順時針碾轉；
右拳變掌，兩手心向下一齊向右劃弧，待身體轉約
135 度時，重心移至左腿，左手稍向後返回再外旋
握拳置於左腰間，拳心向上，拳眼向外；

圖 42

　　身體繼續右轉到 180 度時（面向西），右腳先
稍向右移後向前上步，即可做右指襠捶；其他動作
可參照左指襠捶（圖41～43）。

圖 43

圖 44

11. 拍腳栽捶(右勢)

與左勢同,唯腳手的動作及方向不同（圖44～
49 附圖）。

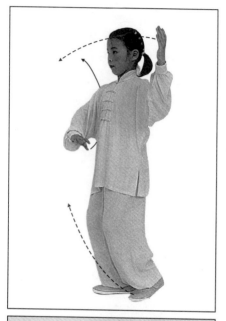

図 45

圖 46

圖 47

圖 48

圖 49

圖 49 附圖

圖 50

12. 馬步雙擺捶

重心稍後移，身體左轉 90 度（面向南）；同時，兩腳以腳跟為軸，右腳尖內扣，左腳尖外撇，兩腳成馬步（重心移在兩腿間，襠微下沈，斂臀收腹，上身正直）；

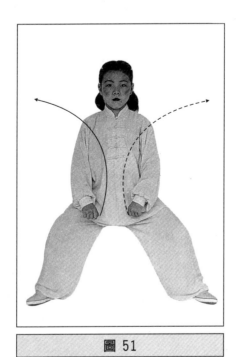

圖 51

　　右手變拳與左拳同步（兩臂內旋）向左劃弧至
腹前，兩拳面朝下，拳眼向內，兩臂成弧形，隨後
兩拳上提至胸前（兩拳面相對），兩臂外旋，兩拳
一齊分別向體左、右兩側擺擊，腕與肩平，沈肩垂
肘，拳心向上；眼平視前方（圖50～52）。

圖 52

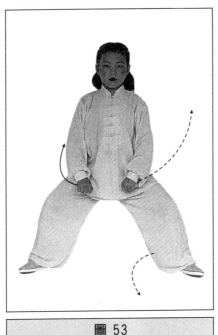

圖 53

13．護襠雙扎捶

　　擺捶做完後，動作似停非停，兩臂內旋，兩拳
向內劃弧至胸前，兩下扎至腹前，拳眼向裏，拳面
向下，拳低於襠（要斂臂、塌襠、收腹、上身正
直）；眼平視前方（圖53）。

圖 54

14. 肘底捶(左勢)

　　重心移至右腿，上體微右轉，左腳經右腳內側向東南上虛步，腳跟著地，腳尖上翹，膝微屈；同時，左拳變掌向左、向上挑掌，手心向右，指尖斜向上，腕與肩平（左肘、膝成垂線）；

圖 55

　　左拳內旋變掌，微向前，再向右、向後、向左
劃圓握拳，然後上體微左轉，右拳伸至左肘下，拳
眼向上，拳心向裏；眼看左手食指（圖54、55）。

圖 56

右　勢

　　上體微右轉，左腳撤至右腳內側，腳尖內扣，重心移至左腿，右腳向西南上虛步，腳跟著地，腳尖上翹，膝微屈；同時，右拳內旋變掌，向裏經腹前向右劃弧至體右側，再向右前上方挑掌；左手內旋（手心向下）先稍向右，再反向左、向下、向右

圖 57

劃弧至腹前握拳伸至右肘下；其他動作參照左勢
（圖56、57）。

圖 58

15. 震腳砸捶(左勢)

(1) 右腳撤回原地，腳尖內和，上體微左轉（面向南），重心移至右腿；同時，左拳內旋變掌向下、向裏、向左，手臂再外旋向胸前穿掌掛拳，拳心向裏，腕高與肩平；左膝上提，小腿與腳尖自然下垂；右手先內旋後外旋，向右、左劃弧至腹前，手心向上，五指併攏，手心微凹（圖58）。

圖59

（2）右腿屈膝稍蹲，隨即左腳尖稍外撇，全腳
踏地震腳，頭微上頂（要用虛腳彈震，上體不要下
沈和前俯後仰左右晃動）；同時，左拳下落至腹前
（貼近肚臍），用拳背砸擊右手心，右手微向上迎
擊（震腳與砸捶的響聲要一致；兩腳跟相距約 10
公分）；眼看前方（圖59）。

圖 60

右　勢

　　重心移至左腿，左拳變掌翻手心向下，向左、向前劃一小平圓至腹前，轉手心向上；同時，右手稍向右移，再向上穿掌掛拳；其他動作參照左勢（圖60、61）。

圖 61

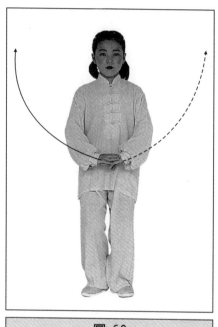

圖 62

16. 收勢(頂天立地)

（1）身體慢慢直立；同時，右拳變掌，兩手在腹前翻手心向下，指尖相對，繼而兩手左右分開至身體兩側，兩臂外旋翻手心向上（掌心微含，手指自然散開，兩臂微屈），與身體起立同步，兩手向上托舉，腕高與耳平；眼向前平視（圖62、63）。

图 63

圖 64

（2）兩手繼續向上托舉（肩要鬆沈不可直臂）
並向頭上合攏，手心向下；眼向前平視（圖64）。

圖 65

（3）兩手從頭上經面前（兩手心向下，手指基本相接）下落至肚臍（圖65）。

圖 66

（4）兩手左右分開，兩臂外旋，兩手向前伸
摟，手心向裏，兩臂撐圓，兩掌指尖相距5～10公
分；眼向前平視（圖66）。

圖 67

（5）兩掌內收，一手在內一手在外，輕輕護於
肚臍之上（圖67）。

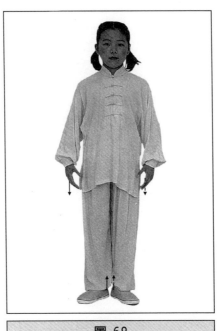

圖 68

　　兩手稍停，沿帶脈（腰帶部位）左右分開下伸
至大腿外側；同時，左腳向右併攏，兩腳跟相觸，
兩腳尖外撇約 60 度，眼平視前方（圖68）。

圖 69

（6）做「頂天立地」：即頭上頂，兩手下伸，
兩腳跟抬起，兩前腳掌著地，身體儘量拔伸，然後
頭不鬆頂，兩腳跟下落（身體有拔長和上下對拉
感），如此連續三次（個人演練不限）；眼向前平
視，全套演練結束（圖69、70）。

圖 70

全套連續動作演示

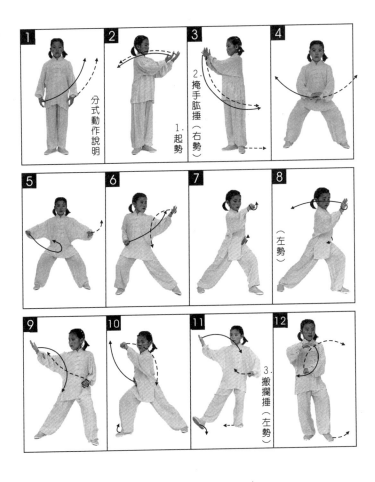

1 分式動作說明

2 1.起勢

3 2.掩手肱捶（右勢）

4

5

6

7

8 （左勢）

9

10

11 3.搬攔捶（左勢）

12

　原地兒童太極拳(十捶十六式)

8.
指
襠
捶
（
左
勢
）

9.
拍
腳
栽
捶
（
左
勢
）

10.
指
襠
捶
（
右
勢
）

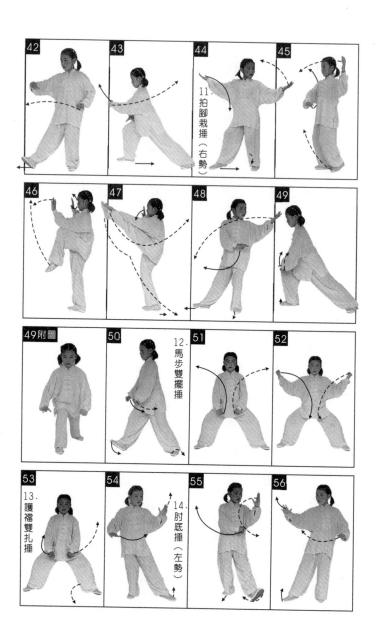

原地兒童太極拳(十捶十六式)

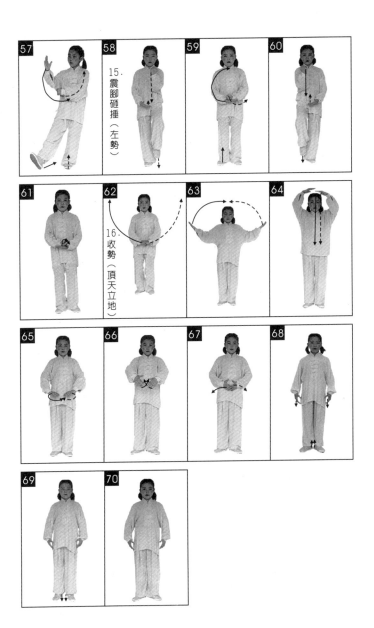

國家圖書館出版品預行編目資料

原地兒童太極拳（10捶16式）／胡啓賢　創編
－初版－台北市：大展，2006【民95】
　面；21公分－（原地太極拳系列；6）
　　ISBN 978-957-468-490-8（平裝）
　　1.太極拳

528.972　　　　　　　　　　　　　　　　95014935

原地兒童太極拳（10捶16式） ISBN-13：978-957-468-490-8
　　　　　　　　　　　　　　　　 ISBN-10：957-468-490-3

創　　　編／胡啓賢

演 練 者／宋　夏

發 行 人／蔡森明

出 版 者／大展出版社有限公司

社　　　址／台北市北投區（石牌）致遠一路2段12巷1號

電　　　話／(02)28236031・28236033・28233123

傳　　　真／(02)28272069

郵政劃撥／01669551

網　　　址／www.dah-jaan.com.tw

E - M A I L／service@dah-jaan.com.tw

登 記 證／局版台業字第2171號

承 印 者／高星印刷品行

裝　　　訂／建鑫印刷裝訂有限公司

排 版 者／ERIC視覺藝術

授 權 者／北京人民體育出版社

初版1刷／2006年（民95年）10月　　　　　　　定價180元

推理文學經典巨著，中文版正式授權

名偵探明智小五郎與怪盜的挑戰與鬥智
名偵探柯南、金田一都讚嘆不已

日本推理小說鼻祖—江戶川亂步

1894年10月21日出生於日本三重縣名張〈現在的名張市〉。本名平井太郎
就讀於早稻田大學時就曾經閱讀許多英、美的推理小說。
畢業之後曾經任職於貿易公司，也曾經擔任舊書商、新聞記者等各種工作
1923年4月，在『新青年』中發表「二錢銅幣」。
筆名江戶川亂步是根據推理小說的始祖艾德嘉‧亞藍波而取的。
後來致力於創作許多推理小說。
1936年配合「少年俱樂部」的要求所寫的『怪盜二十面相』極受人歡迎
陸續發表『少年偵探團』、『妖怪博士』共26集……等
適合少年、少女閱讀的作品。

1～3集 定價300元 試閱特價189元